アルケミスト双書　タロットの美術史〈2〉

女教皇・女帝

鏡 リュウジ

*

The High Priestess & The Empress

Ryuji Kagami

はじめに

「永遠に女性的なるもの、われらを引きて昇らしむ」。
言わずと知れたゲーテの『ファウスト』の締めくくりの言葉である。
知の権化である魔術師であったファウストの物語が
「女性的なるもの」で締めくくられていることと、
僕たちのタロットの道行きで「魔術師（奇術師）」のすぐ後に
「女教皇」と「女帝」が続くことは不思議な共鳴として見えてこないだろうか。
知と技術では届かぬ「女性」の神秘と、
タロットの旅で僕たちは早くも出会うことになるのだ。
ただし、ここでの象徴としての「女性性」を生身の女性と同一視してはならない。
タロットの人物たちは誰の中にも存在する元型的存在を映し出す象徴なのだ。
「女教皇」と「女帝」はともに女性的な元型ではあるものの、実に対照的だ。
処女性と母性、聖性と俗性、霊性と肉体性、秘匿と顕現……
この2人はくっきりしたコントラストと対称性を見せている。
しかし、暗い新月と明るい満月が同じ月の2つの相であるように、
同じ存在の2つの側面なのだろう。
この2人の女性は、僕たちの魂をとこに導こうとするのだろうか。

鏡　リュウジ

contents

ジョヴァンニ・ボッカッチョ『名婦列伝』より《行幸中に出産する教皇ジョアン》
1440 頃　大英図書館蔵（ロンドン）

ウェイト＝スミス版〈女教皇〉

Waite-Smith Tarot
1910　イギリス／ロンドン　夢然堂蔵

女教皇

「女教皇」は、歴史上では伝説においてのみ存在
する。タロットに描かれる彼女は荘厳さと静
謐さをまとって椅子に座し、観者と対峙する。古代
の女性の預言者のイメージと重なる「女教皇」は何
を伝えようとしているのか。その秘密を探っていこう。

2

女教皇 / *The High Priestess*

謎そのものであり
大いなる女性の神秘を体現

「女教皇」の札はタロットの中でもとりわけ謎めいた存在だ。カトリック教会においては、司祭は男性のみが任じるというのが伝統であり、女性の教皇が存在したことは歴史上、一度もない。ところが15世紀のイタリアで生まれたタロットには「女教皇」の札が存在するのだ! 一体、彼女は誰なのだろう。

「女教皇」の正体についてはすでにいくつもの説が出ている。最も有名なのは伝説の女教皇ヨハンナだ。女性であることを隠して優れた学識を身につけ、ついには教皇の地位にまで上り詰めたヨハンナ（ジョアン）という女性がいたが〔6頁〕、出産してしまったがゆえに男性ではないことが暴露されてしまった。もちろんこの逸話は史実ではないが、中世後期以降大きな人気を博していたという。

また、教皇権が女性に遷移すると預言する異端宗派の中で「女教皇」として擁立され、処刑されたマンフレダという人物が実在する。14世紀初頭の人物だ。しかもマンフレダは現存する最古のタロットを制作したヴィスコンティ家ゆかりの人物でもあることから、彼女こそタロットの「女教皇」のモデルだとする説がある。

「女教皇」は人物像ではなく、より抽象的な意味での「教皇権」の寓意図像であるという説もある。「節制」や「力」など抽象的概念を表す言葉は女性名詞であったために、西洋においては寓意図化される場合、女性として描かれるのが通例なのだ。他にエジプトの女神イシス、ギリシャの女預言者シビュラなどの説もあり、後のオカルト主義者たちはここに大いなる神の女性的側面を観ようとした。

いずれの説も確証はない。だが、重要なのは「女教皇」が永遠の謎であるという事実そのものではないか。そう、この札は、人生や魂は解くことができる謎（パズル）ではなく、真の意味での神秘（ミステリー）であることを告げているのだ。

ヴィスコンティ・スフォルザ版
〈女教皇〉

Visconti-Sforza Tarot
1480～1500頃　イタリア／ミラノ
モルガン・ライブラリー・アンド・
ミュージアム蔵（ニューヨーク）

現存する最古の「女教皇」の札
のひとつ。この女性が「教皇」
であることは頭上の三重冠によっ
て示されている。手には大きな
十字架を持っている。ただ、そ
の衣装は教皇としてはふさわし
くないほど質素なものであり、高
位の聖職者というより修道女で
あるかのようだ。豪華で美しい
金地の背景、三重冠とこの質素
な衣装のコントラストが「女教
皇」の謎をさらに深めている。美
術史家ガートルード・モークレ
イは、この「女教皇」を実在す
るヴィスコンティ家ゆかりの異
端の女教皇と結びつけた。

ヴィスコンティ・ディ・
モドローネ・タロット
〈信仰〉

Visconti di Modrone Tarot
1445頃　イタリア
イェール大学図書館蔵（ニューヘイブン）

現在のスタンダードなタロットに
は通常含まれない「信仰」の札。大
きな十字架を持っていることから、
「女教皇」との類似を見出すことも
できる。神学的美徳としての「慈
愛」「希望」と並んでこの「信仰」
がいくつかの歴史的なタロットパッ
クには含まれる。もう一方の天を
さす指のそばにはミサの聖杯と聖
体を見ることができる。足元にう
ずくまる男性は「信仰」が勝利す
る悪徳なのだろうか（あるいは福
音書記者だとする説もある）。

ローゼンワルド・
シート
〈女教皇〉
Rosenwald
Playing Cards
15世紀　イタリア
ナショナル・ギャラリー蔵
（ワシントン）

遊戯用カードの
シート断片
〈女教皇〉
Sheet Fragments of
Italian Playing Cards
1500頃
イタリア
イェール大学図書館蔵
（ニューヘイブン）

初期の木版画のシートより「女教皇」
札の例。上図では天国の鍵を持ち、下
図ではひざまずく聖職者がいて、通例
の「教皇」札図像との類似が見られる。

マンテーニャのタロット
〈信仰〉

Mantegna Tarot
1530–61頃　イタリア
大英博物館蔵（ロンドン）

50枚からなる、ルネサンスの画家マンテ
ーニャ作と一時誤解されていたパックよ
り「信仰」の札。手には十字架とミサの
聖杯と聖体を持つ。足元の犬は忠実さや
信頼を意味するのだろうか。

FIDES

名画に見る〈信仰〉

ジョット・ディ・ボンドーネ
《7つの悪徳》より〈信仰〉

1304-05　フレスコ壁画
スクロヴェーニ礼拝堂蔵（パドヴァ）

正面をまっすぐ見据える「信仰」の擬人
像は礼拝堂の壁画を飾る7つの美徳のひ
とつ。これと対となる「不信仰」の図像
があり、キリスト教の神を信じぬ者には
地獄が待ち受けていることを示している。

DELPHICA

ミケランジェロ・ブオナローティ
《デルフォイの巫女》

1508-09　フレスコ壁画
システィーナ礼拝堂蔵（ヴァチカン）

ギリシャ中部の聖地デルフォイにはかつ
てアポロン神殿があり、巫女を通じて神
託が伝えられた。本作では巻物を手に鋭
い視線を右側に向け、そのたくましい身
体でアポロンの神託を受けとめている。

マルセイユ版タロットの世界

文・夢然堂

マルセイユ版に描かれる、厳粛な装いで書物を手に端座する女性。その姿は一見、受胎告知時の聖処女マリアや観想者としての聖マグダラのマリアといった、神聖な女性像に通じるものである。しかるに、この札に与えられたタイトルは「女教皇」。キリスト教世界で俗説として広く語り継がれる、秘密と罪の匂いを漂わせた禍々しい存在である。こうした聖俗ないまぜのイメージ喚起力こそ、マルセイユ版タロットの持つ大きな特徴のひとつと言えよう。

余談をひとつ。あくまで伝説上の人物であった「女教皇」が16世紀、ローマならぬロンドンに出現した。かの偉大なる英国女王、エリザベス1世である。カトリックから離反した英国国教会の首長でもある女王に対し、時の教皇は破門を宣告した。彼女を伝説の女教皇に結びつける向き

が自然と生まれ、たとえば1630年のフランスのある文献にはまさしく「女教皇エリザベス」なるフレーズが登場している。白粉で顔を塗り固めていたという〔41頁〕、海の彼方に存在した恐るべき聖俗二界の女王に、無彩色で白面のこともままあったこの札の人物を重ね合わせた大陸人たちもいたのでは、と想像したくなる（ちなみに当時の英国には、タロットの伝統は存在しなかった）。

掲載図版中、上記のように描かれたコンヴェル版他3種に対し、ブザンソン版はまったく別のモチーフであるローマ神話の女神ユノーが代わりに描かれている。18世紀のストラスブール発祥の改変で、カトリック勢からの圧力を受けてのものであったらしい。ユノーは出産を司る女神として知られるが、そこに女教皇の伝説とのつながりも見出せる。

ルヴァンのニコラ・コンヴェル版
〈女教皇〉

Tarot of Marseilles by Nicolas Conver
1860年代頃　フランス／マルセイユ　夢然堂蔵

カモワンのニコラ・コンヴェル版
〈女教皇〉

Tarot of Marseilles by Nicolas Conver
19世紀末　フランス／マルセイユ　夢然堂蔵

II

JVNON·

ルノーのブザンソン版〈ユノー〉

The Besançon Tarot by Renault
19世紀前半　フランス／ブザンソン　夢然堂蔵

ミュラー版〈女教皇〉

Tarot of Marseilles by J. Muller
19世紀末頃　スイス／シャフハウゼン　夢然堂蔵

ヴィアッソーネのピエモンテ版〈女教皇〉

Piedmont Tarot by Alessandro Viassone
1900前後 (?)　イタリア／トリノ　夢然堂蔵

＊各パックについては第1巻「愚者・奇術師」〔17〜19頁〕で解説

名画に見る〈女教皇〉

ジョルジョ・ヴァザーリ
《レパントの戦い》

1572年 フレスコ壁画
ヴァチカン宮殿「王宮の間」蔵

1571年、スペイン・ヴェネツィア・ローマ教皇庁の連合軍がレパントでトルコ艦隊を撃破。この勝利を記念した本作の左下では三大国が擬人化され、中央に教皇権を寓意する女性が描かれている。

『聖務日課書』（1655）より
〈カトリックの寓意〉

中央で教皇冠を戴き、『ローマ聖務日課』を開いて見せる女性はローマ・カトリック教会の擬人像。頭上に聖霊を象徴する鳩、左下にひざまずく「敬虔」、右下には稲妻を手に持つ「熱意」が描かれる。

作者不明のパリジャンのタロット
〈女教皇〉

Tarot Anonyme de Paris
1600–50頃　フランス／パリ
フランス国立図書館蔵（パリ）

三重の教皇冠や天国の鍵と
いった定番の教皇権の象徴
の他、背後の幕が印象的。
「女教皇」の脇に小さく見え
る奇妙な裸の人物像も新た
な謎を与えている。

タロッキ・フィーネ・
ダッラ・トッレ
〈女教皇〉

Tarocchi Fine dalla Torre
17世紀　イタリア／ボローニャ
フランス国立図書館蔵（パリ）

2つの鍵は天上と地上における2つ
の権威を示す。指を突き出した右手
は祝福のサインを作る。上方、左右
の天体は太陽と月を示すのだろうか。
野外の「女教皇」は珍しい。

グラン・エテイヤ
（タロット・エジプシャン）
〈杯の女王〉

Grand Etteilla or Tarot Égyptien
1875–99頃　フランス／パリ
鏡リュウジ蔵

歴史上初の「占い」専用のタロッ
トがエテイヤ版である。その順
序や構成は主流のタロットと大
きく異なり、「杯の女王」が「女
教皇」と重ねられているようだ
（足元に La Papesse の文字）。グリ
モー社の付録の冊子では「近づ
きがたい女性」という意味が与
えられている。

FEMME BLONDE.

La Papesse

FEMME EN PLACE.

オズヴァルト・ヴィルト・
タロット
〈女教皇〉

Oswald Wirth Tarot
1889　フランス／パリ
フランス国立図書館蔵（パリ）

19世紀末、オカルト主義者オズヴァ
ルト・ヴィルトによって制作され
たタロット。教皇冠の上に月が載っ
ている。2本の柱はソロモン王の
神殿の柱である。彼女はキリスト
教の女教皇ではなく「神秘にかか
わる女祭司であり、深遠な夜を司
る女神イシスであって、その闇に
人間の精神は女神の助けなくして
は入りこめない」のだ（ヴィルト
著・今野喜和人訳『中世絵師たち
のタロット』）。

ウェイト＝スミス版
〈女教皇〉

Waite-Smith Tarot
1910 イギリス／ロンドン 夢然堂蔵

キリスト教の女教皇ではなく
秘教的な女祭司を示す。三重
冠は月を思わせる角と球体の
冠に変わり、書物はTORA（律
法）の文字を記した巻物となっ
ている。ソロモン神殿の2本
の柱の間にはシュロとザクロ
の垂れ幕が下がり、足元には
大きな三日月がある。彼女は
カバラでいう神の女性的側面
「シェキナー」を示すとされる。

01.

カメーネ・タロット

La Papesse, Camena Tarot, by Laetitia Barbier and Lou Benesch, Summer 2024

🌐 laetitiacartomancy.com
📷 laetitia.cartomancy

著名なタロティスト、レティシア・バルビエ氏らによる新作タロット。「女教皇」の薄いヴェイルは現実世界と見えない夢の世界の境界を表すという。2つの世界をつなぐのが「女教皇」だ。

02.

ディノゾール・ド・マルセイユ

La Brontosaure, Dinosaures de Marseille by Anastasia Kashian

🌐 anastasiakashian.com
📷 anastasiakashian

マルセイユ版を下敷きに登場人物を恐竜に置き換えたユニークなパック。この恐竜の「女教皇」は太い脚で聖典を開き、その長い首についた顔で周囲を見渡している。

03.
_____

ラ・コルテ・ディ・タロッキ
_____

La Corte dei Tarocchi
by Anna Maria D'Onofrio,Osvaldo Menegazzi

Il Meneghello／ITALY
ニチユー株式会社
🌐 pentacle.jp

_____

イタリアのタロット・アーティスト、ア
ンナ・マリア・ドノフリオによる作品。
雪景色を思わせる風景に立つこの「女
教皇」からは静謐な雰囲気が伝わって
くる。

04.
_____

タロッキーノ・アルレッキーノ
_____

Tarocchino Arlecchino by Yve Lepkowski

🌐 stolen-thyme.com
📷 clownmonger

_____

ボローニャの64枚のタロット〔20頁
下〕を下敷きにした現代タロットだ
が、登場人物がすべて道化（アルレッ
キーノ）の衣装をまとっている。妊
婦を思わせる腹部に注目したい。

近現代絵画に見る
女教皇 ——遙かなる時を超え
信仰を体現する巫女たち

文・千田歌秋

　女教皇の正体が、キリスト教の女性教皇であっても、古代宗教の巫女（シビュラ）であっても、それが信仰と神秘の象徴であることに変わりはない。

　クマエのシビュラは、千年もの寿命を授かり、神託の書を自由に扱う権利を持ち、冥界の案内もできる、人知を超えた存在である。通常は聖域にいる姿で描かれるが、ヴェッダーは、荒野をさまよう物語性の強い場面を選んだ。

　ロセッティが描いた巫女は、バラとクピド（愛）、ケシと髑髏（死）、蝶（魂）、スフィンクス（神秘）に囲まれ、シュロ（勝利）を手にしている。彼女は魂の美を象徴しており、画家にとってそれはまさに、信仰の対象であった。

エリュー・ヴェッダー
《クマエのシビュラ》

1876　油彩／カンヴァス　96.5×149.9cm
デトロイト美術館蔵

ダンテ・ゲイブリエル・ロセッティ
《シビュラ・パルミフェラ》

1865~70　油彩／カンヴァス　98.4×85cm
レディ・リーバー美術館蔵（ポート・サンライト）

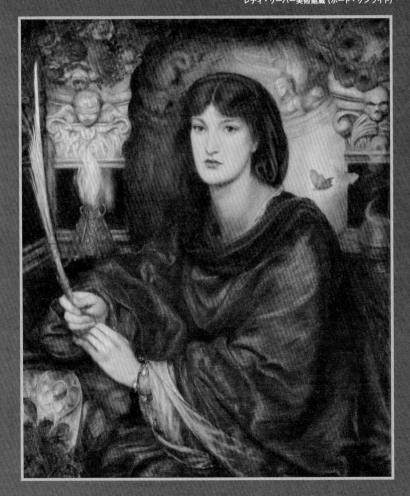

女教皇 からの メッセージ

★ 心の奥底の声に耳を傾けて ★

神秘のヴェールに包まれた「女教皇」は
僕たちに言葉にできぬ人生の神秘を伝えようとしている。
現実の歴史には存在しない女教皇がもともと
何を意味したのか、今となっては知るのは難しいが、
そのイメージは常に「隠されたもの」、つまり
合理的な言語では語り尽くせぬものの存在を感じさせてきた。
この札が出たときには、いまだ言葉にできない、
あるいは自分自身でも意識化するのが難しいような
繊細な心の動きがあることを示している。
容易には説明できない、直感やインスピレーションが
動き出すこともあるかもしれないし、
現世的な目的以外の動機が存在するのかもしれない。
いずれにしても答えを性急に出そうとせず、丁寧に繊細に、
自分の心の奥底の声にならない声に耳を傾けるべきだろう。
実利的なことでは必ずしも有利な札ではないが、
占いや直感に関する事項においてはとくによい結果につながる兆し。

Love / 恋愛

胸に秘めた想い。肉体的というより
プラトニックで精神的なつながり。
繊細なつながりが生まれる。
互いの言外の気持ちを感知し合うことが鍵に。
一方で自分の気持ちを容易なことでは開示しないという
慎重さを表すことも。互いの精神的価値観を重視する。

Work / 仕事

実利的なこと、金銭的な営利を必ずしも求めていない。
純粋なモチベーションによる働き。
一方で、まだ具体化していないプランなどの暗示も。
正解や最適解を求めすぎるとうまくいかない。
状況の中で「不可知性」が存在することを認めることが
課題を逆説的にうまく進めるポイントに。

Relationship / 対人関係

繊細なコミュニケーション。
相手の胸襟を一気に開かせるようなことのない、
慎重でデリカシーに満ちたアプローチ。
ここで焦ると互いにとってよい結果は生まれないだろう。
秘密を守ることが最重要。
互いのパーソナルスペースを順守すること。

サンドロ・ボッティチェッリ
《春》より〈フローラ〉
1480 頃　ウフィツィ美術館蔵（フィレンツェ）

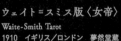

ウェイト＝スミス版〈女帝〉
Waite-Smith Tarot
1910　イギリス／ロンドン　夢然堂蔵

　神秘に満ちた「女教皇」とは対照的に、春の陽の温もりを思わせる微笑みが「母なるもの」を感じさせる「女帝」。古くは「皇帝」と同様、鷲のシンボルとともに権威的な姿で描かれていたが、時代が下るにつれ、豊かさを象徴するようになっていく。

女帝 / The Empress

人々の心に内在する
大いなる「母」への愛と畏れ

西欧においては、権威／権力には2つの側面があるとされていた。ひとつは精神界、霊的領域に対しての権力、そしてもうひとつは世俗的な権力である。前者は「教皇」を頂点とする教会に委ねられ、後者は「皇帝」（国王）が統べる国家によって采配されるとされた。この権力の二重構造はタロットにおいても見ることができ、それは「教皇」「皇帝」札と鏡写しのようになる「女教皇」「女帝」札

に反映されている。

「女教皇」が女性的な権威の霊的側面だとすれば、「女帝」はより世俗的、肉体的な側面と見ることができる。草創期の「女帝」ですらその姿は優美であり、まるで母性を象徴するかのようだ。後に秘教化されていく「女帝」ではより明確に物質的世界、自然界に向けての「母」と解釈されるようになっていく。これはユング心理学における「グレートマザー」と容易に重ね合わせることができよう。心理学者カール・G・ユングによれば、人々の心の基層には「大いなる母」のイメージが存在しているのだ。それは肉体を生み出す自然そのものへの愛、そして畏れと直結している。

そうした「グレートマザー」の原像はタロットよりはるかに古い起源を持つ。石器時代にさかのぼる太母の姿は、僕たちの心にも生きている。

《チャタル・ヒュユクの座った女性》
紀元前6000年頃
アナトリア文明博物館蔵
（アンカラ）

《ローセルのヴィーナス》
2万5000年前頃
アキテーヌ博物館蔵
（ボルドー）

ヴィスコンティ・スフォルザ版
〈女帝〉

Visconti-Sforza Tarot
1480–1500頃　イタリア／ミラノ
モルガン・ライブラリー・アンド・
ミュージアム蔵（ニューヨーク）

現存する最古のタロットの「女
帝」札のひとつ。皇帝の権力を
示す鷲の意匠が見える盾を持つ。
その黄金の衣にはヴィスコンティ
家の紋であるシュロと月桂樹の
葉とが合わさった王冠と、フラ
ンチェスコ・スフォルザの紋であ
る三重のリングがともに見える。
スフォルザ家とヴィスコンティ
家との結びつきから、このパッ
クが1450年以降に制作されたも
のであることが推測される。

ヴィスコンティ・ディ・
モドローネ・タロット
〈女帝〉

Visconti di Modrone Tarot
1445頃　イタリア
イェール大学図書館蔵（ニューヘイブン）

ローマにさかのぼる皇帝権の象徴
である鷲をあしらった盾を手にし
た「女帝」が描かれる。彼女を取
り囲むように小柄な4人の侍女た
ちが「女帝」につき従っている。見
方によってはキリストを取り巻く
4人の福音書記者を思わせるよう
な構図であり、ユング心理学でい
う「マンダラ構造」と見ることも
できる。

34

ヴィスコンティ・ディ・
モドローネ・タロット
〈慈愛〉

Visconti di Modrone Tarot
1445頃　イタリア
イェール大学図書館蔵（ニューヘイブン）

「信仰」「希望」と並ぶ神学的徳の
ひとつ。現在の通例のタロットに
は含まれていない。通常の「教皇」
の札に相当するという見方もある
が、赤ん坊を抱くその姿は母性的
な「女帝」を連想させる。右手に
持つのはおそらく香炉、そして足
の下にいる男性は「慈愛」が勝利
する悪徳、あるいは福音書記者の
ひとりだと解釈されている。

マンテーニャのタロット
〈慈愛〉

Mantegna Tarot
1530–61頃　イタリア
大英博物館蔵（ロンドン）

オーソドックスなタロットではない、50枚1セットの絵札。誤ってマンテーニャ画とされたことがあるためにこの名が冠せられる。財布を空にしている様子は慈善と隣人愛を示し、胸から出ている炎は神の愛を表す。左下のペリカンは自分の血で雛を養うとされ、養育の愛、そしてキリストを象徴する。

彫刻に見る〈女帝〉

《デメテルとペルセフォネ》
紀元前27頃 – 紀元14頃
大理石　高さ227cm
メトロポリタン美術館蔵
（ニューヨーク）

豊かさや多産を象徴する「女帝」は、ギリシャ
神話の農耕の女神デメテルにもそのイメージ
の源泉をたどることができるかもしれない。こ
のレリーフでは左のデメテルが少年トリプト
レモスに穀物の栽培方法を教えている。

La Charité

フランソワ・ド・ポワリーの
ミンキアーテ版〈慈愛〉

Minchiate by François de Poilly
1658-93　フランス
フランス国立図書館蔵（パリ）

こちらもオーソドックスなタロットではないが、母性
に通じる札として参考に挙げておく。右手で子どもの
手を引き、左手でその胸に赤ん坊を抱く母として「慈
愛」が描かれている。伝統的には静的に描かれた寓意
像が生き生きと動き出しているのが印象的だ。

LIN PERATRICE

作者不明のパリジャンの
タロット
〈女帝〉

Tarot Anonyme de Paris
1600-50頃　フランス／パリ
フランス国立図書館蔵（パリ）

作者不詳の17世紀フランスの
木版画タロットより「女帝」
札。王冠を戴き、王笏を持っ
た女帝が立位で描かれる。そ
の堂々とした姿は母性という
よりも男性的なイメージをは
らんでいる。また大きく広がっ
た紫色のマントも印象的。力
強く人々を統治している姿が
浮かんでくる。

名画に見る〈女帝〉

画家不詳
《エリザベス1世》

1600頃　油彩／板　127.3×99.7cm
ナショナル・ポートレート・
ギャラリー蔵（ロンドン）

王冠を頭上に戴き、王笏と宝珠を手に、戴冠式のローブをまとう16世紀の英国女王エリザベス1世。国家と「結婚」した彼女は絶対王政の最盛期を築き、その後の繁栄につながる多大な功績を残した。

名画に見る〈皇帝〉

ハンス・ブルクマイアー（父）
《神聖ローマ皇帝フリードリヒ3世》
1468頃　油彩／板　79.5×51.5㎝
美術史美術館蔵（ウィーン）

名画に見る〈女帝〉

ハンス・ブルクマイアー（父）
《エレオノーレ・ヘレナ・
フォン・ポルトゥガル》

1468頃　油彩／板　79.5×51.8cm
美術史美術館蔵（ウィーン）

神聖ローマ皇帝フリードリヒ3世の妃エレオノ
ーレは多産を象徴するザクロ紋様の衣装に身を
包み、手には純潔や無垢を表すユリを持つ。皇
妃になることを夢見てそれが叶い、舞踏や賭博、
狩猟などを楽しむ活発な人物だったという。

マルセイユ版タロットの世界

文・夢然堂

「女帝」。わが国ではすっかり、この札名で定着している。とはいえアカデミー・フランセーズ辞典の初版、さらにはリシュレーの『フランス語辞典』やフュルティエールの『普遍辞典』といった、17世紀の主だった仏語辞典を参照すると、"imperatrice"の語義は軒並み「皇帝の妻」とされている。つまり、マルセイユ版が成立した時代の事情に則した場合には、「皇后」と訳す方がより正確ということになりそうだ。神聖ローマ帝国でかのマリア・テレジアが家督を相続し、（実質的な）「女帝」となったのは1740年。ちなみに、"imperatrice"に「帝国を統治する女性」との説明が追加された、アカデミー辞典第3版の出版も同年である。

もちろん、マリア・テレジア以前にも「女帝」は存在していた。目ぼしいところでは遠く9世紀に差しかかる頃に君臨し、フランスの国父シャルルマーニュと渡り合った東ローマ帝国のエイレーネー。彼女こそ、まさしく欧州最初の女帝であった。

図版のパック4種のデザインはいわば大同小異で、戴冠し王笏と鷲紋入りの盾を持つ、華麗な雰囲気の女性が描かれている。伴侶たりうる「皇帝」札との一対性は言うまでもないとして、ひとつ前の「女教皇」との対照性も意識されていたものと考えられる。神話レベルでブザンソン版のユノーとの対比も考えるならば、おのずと美と愛の女神ウェヌスが浮び上がってくる。正式な結婚を司り、貞淑な妻としての性格が強い前者（単独で息子マルスを産んだ「処女懐胎」的なエピソードも）に対し、享楽的で恋多き後者。この両者の取り合わせは、第6番「恋人」札を解釈する際にも生きてくる。

ルノーのブザンソン版〈女帝〉

The Besançon Tarot by Renault
19世紀前半　フランス／ブザンソン　夢然堂蔵

ルヴァンのニコラ・コンヴェル版〈女帝〉

Tarot of Marseilles by Nicolas Conver

1860年代頃　フランス／マルセイユ　夢然堂蔵

カモワンのニコラ・コンヴェル版〈女帝〉

Tarot of Marseilles by Nicolas Conver

19世紀末　フランス／マルセイユ　夢然堂蔵

ミュラー版〈女帝〉

Tarot of Marseilles by J. Muller
19世紀末頃　スイス／シャフハウゼン　夢然堂蔵

ヴィアッソーネのピエモンテ版〈女帝〉

Piedmont Tarot by Alessandro Viassone
1900前後 (?)　イタリア／トリノ　夢然堂蔵

*各パックについては第1巻「愚者・奇術師」〔17〜19頁〕で解説

23.

FEMME DE CAMPAGNE.

La Reine de France

BONNE FEMME.

25.

グラン・エテイヤ
（タロット・エジプシャン）
〈フランスの女王〉

Grand Etteilla or Tarot Égyptien
1875〜99頃　フランス／パリ
鏡リュウジ蔵

18世紀フランスで制作された初
の「占い専用」タロット。占い
師のエテイヤが作成したもので
通常のタロットとは構成が大き
く異なっている。これは棒の女
王に対応する札だと思われるが、
「フランスの女王（La Reine de
France）」というタイトルが与え
られている。グリモー社の冊子
によれば幸運と作物の豊作を意
味するという。

名画に見る〈女帝〉

アドルフ・ウルリッヒ・ヴェルトミュラー
《トリアノン庭園を散策する王妃マリー・
アントワネットと2人の子どもたち》

1785　油彩／カンヴァス　276×194cm
国立美術館蔵（ストックホルム）

世界史上最もその名を知られる王妃のひとり、マリー・アントワネットはルイ16世との間に3人の子どもをもうけ、彼らを心から慈しんだ。庭園を散策する彼女の表情からは温かな母性がうかがえる。

19世紀のオカルト主義者オズヴァルト・ヴィルト
が制作したタロットの2つのバージョン。ヴィル
トの著書では女帝が踏みしだくのは「先端を下
に向けた」三日月とされる（左図とは合致しな
い）。これはすべてが流転し変化する月下の世界
に対する支配を示す。頭上には黄道十二宮を象
徴する星が12個あるはずだが、見えているのは
うち9つである。それは9カ月、すなわち妊娠
の期間を示すという。またこの女帝に翼がつい
ているのは星座図上の「乙女座」の姿と重なる。

オズヴァルト・ヴィルト・タロット
〈女帝〉

Oswald Wirth Tarot
1926（改訂版）フランス／パリ　個人蔵

名画に見る〈女帝〉

アルブレヒト・デューラー
『ヨハネの黙示録』より
〈黙示録の女〉

1511　木版　40.5×27.8cm
メトロポリタン美術館蔵
（ニューヨーク）

「ヨハネの黙示録」には「太陽を身にまと
い、月を足の下にし、十二の星の冠」を
かぶり、鷲の翼をつけた女が登場する。彼
女が産んだ男児は神の玉座へと引き上げ
られ、聖母マリアとも同一視される。

THE EMPRESS.

ウェイト=スミス版
〈女帝〉

Waite–Smith Tarot
1910　イギリス／ロンドン　夢然堂蔵

現代のタロット文化に多大な影響
を与えたこのパックでは、「女帝」
は明らかに自然の女王として描か
れている。伝統的に皇帝権の象徴
である鷲が描かれてきた盾には、そ
れに代わって愛の女神に象徴され
る金星の記号が描かれている。豊
かな麦が実り、水が流れる風景の
中の彼女は霊的な「天の女王」で
はなく、この自然世界（下位のエ
デン）の象徴である。

名画に見る〈女帝〉

ジャン=アントワーヌ・ヴァトー
《ケレス（夏）》

1717–18頃　油彩／カンヴァス
141.6×115.7cm
ナショナル・ギャラリー蔵
（ワシントン）

ギリシャ神話のデメテル〔37頁〕と
同一視されるケレスはローマ神話
の豊穣の女神。ヴァトーの描く彼
女は金色の麦に囲まれ、それらを
刈り取る鎌を手に持つ。自然の恩
恵に感謝する伝統的な図像だ。

L'IMPÉRATRICE

01.

ロイネスタロット

Le Tarot des Roynes by Jeanne Guerard

🌐 jeanneguerard.myportfolio.com
📷 jeanneguerard_illustration

フランスの若きアーティストによる
作品。登場人物のほとんどが女性に
置き換えられている。この「女帝」
はロダンの《考える人》を思わせる
ポーズをとり、その知性を強調。

02.

スピル・タロット

The SPILL Tarot,
SPILL Festival Ltd (formerly Pacitti Company)
Photography by Manuel Vason

🌐 spillfestival.com
📷 spill_festival

多くの「一匹狼」(maverick) 的なアーティ
ストたちがコラボして創られたパック。こ
の1枚はグレイス・エレン・バーキーによ
る作品である。ドレス姿の「女帝」が斬新。

THE EMPRESS

03.

ニキ・ド・サンファル
《タロット・ガーデン》

Giardino dei Tarocchi or Tarot Garden
by Niki de Saint Phalle

2002　タロット・ガーデン蔵
（ペーシャ・フィオレンティーナ／イタリア）

ニキ・ド・サンファルはイタリアのトスカーナに巨大な立体オブジェの大アルカナを配した《タロット・ガーデン》を制作。「女帝」は1つの家のようで、ニキ自身その内部で過ごした時期もある。

04.

W. T. ホートンタロット

W. T. Horton Tarot created from the works of
W.T. Horton by Koretaka Eguchi

🌐 elfindog.sakura.ne.jp（西洋魔術博物館）
✕ MuseeMagica

19世紀末の埋もれた画家ウィリアム・トマス・ホートンの絵を、近代魔術研究家の江口之隆氏がタロットとして再創造。このパックおよびホートンについては同氏のサイト「西洋魔術博物館」に詳しい。

III

The Empress

近現代絵画に見る
女帝
文・千田歌秋

——新時代の「女帝」は
　才能と実力で
　人々を魅了する

　父権制が瓦解する時代にあっては、家柄ではなく人柄によって敬慕され、実力で成功を勝ち取る者こそが、愛と豊かさを体現する女帝の名にふさわしい。

　レスボスの女王の異名をとるナタリー・バーネイのこの肖像は、画家であった母によって描かれた。ナタリーは、才能豊かな作家であり、文学サロンの女主人であり、当代随一の高級娼婦さえも虜にする同性愛の誘惑者だった。

　演劇の世界に君臨した女帝といえば、稀代の女優サラ・ベルナールであろう。貧しい出自の彼女は、高貴な血筋と権威の象徴である鷲の盾を持たない代わりに、血統の良い忠犬、すなわち各界の名士たちを、かしずかせたのである。

アリス・パイク・バーネイ
《毛皮のマントのナタリー》
1897　油彩／カンヴァス　92.1×59.1cm
スミソニアン・アメリカ美術館蔵（ワシントン）

ジョルジュ・クレラン
《サラ・ベルナールの肖像》

1876　油彩／カンヴァス　250×200cm
プティ・パレ美術館蔵（パリ）

女帝からのメッセージ

✦ 心身ともに満たされ幸福を享受 ✦

豊かな母性を象徴するかのようなこのカードは
ユング心理学でいう「グレートマザー」によく合致する。
この世界に肉体を持って生まれたからこそ、
幸福を享受することができることを示すのがこのカードだ。
すべてがすくすくと育ち、またその恵みを受けることが
できそうな気配。心身ともに余裕があり、
目の前のことを味わい楽しむことができそうな嬉しい状況。
五感でとらえられる幸福とも関係があり、
物質的な豊かさを強く示す。
母性的な愛に満ちた心。
経済的な余裕。
良いセンス、本物の価値を見出す。
相手を信じ温かく包み込む。
しかしその反面、贅沢に溺れて甘えが出てしまうという
心配もあるのがこのカードの否定的な側面である。

Love / 恋愛

相手を優しく包み込む。愛がゆっくりと育っていく。
母性的な愛情。相手を受け入れる。
相手の母親との調和的な関係。よいかたちでの妊娠。
肉体的にも豊かな関係性が生まれる。
一方で相手を甘やかしたり、贅沢な生活に
慣れてしまうこともあるかもしれない。

Work / 仕事

今やっていることが豊かな結果を生み出すことに。
自然な流れの中で今やっていることが結果につながる。
自分を追い詰めるようなハードワークではなく、
自然のサイクルと調和したかたちでのライフスタイル。
自然と関係する仕事、
オーガニックな内容はとくに吉。

Relationship / 対人関係

穏やかでリラックスできる人間関係が展開していく。
自然に縁が広がっていき、その中から豊かな実りが
生まれてくる。相手を優しく抱擁し(あるいは抱擁され)
満ち足りた気持ちになれる。
経験豊かな女性、あるいは余裕のある男性との縁。
ただ、否定的に出ると惰性の関係になる可能性も。

近年、タロット史の世界ではタロットの「脱神秘化」が進んでいる。特にその起源について、占いやオカルトとは何ら関わりのないものであった、というのが共通認識となりつつあるようだ。しかし、ことマルセイユ版に関しては、こうした「神話の解体」の行き過ぎはいかがなものか──と個人的に思っている。この辺りのことは、『ユリイカ』誌の拙稿（『「マルセイユのタロット」史概説』）でも触れた。

本作のシリーズ名「アルケミスト双書」にふさわしくもあるので、マルセイユ版タロットと錬金術とのつながりの可能性を、もう少し「深掘り」してみたい。とはいえ紙幅に制限があるので、今回はタロットゲームにおいて特別な地位にある3枚、「愚者」「奇術師」「世界」に焦点を絞る。

無番号の「愚者」と最高位の「世界」の札名、"LE MAT" と "LE MONDE" は、それぞれ「（形容詞 "mat" から）鈍く、輝きを持たないもの」「（形容詞 "monde" から）純化された、汚れのない

もの」という裏読みも可能である。するとこの組合せから、「卑金属から純粋な黄金を精錬する」、という錬金術的な比喩がほの見えてくる。それはすなわち、人間の魂が「汝自身を知る」成長過程の表現、とも取れよう。「知性の輝きを失っていた者が道行きの果てに、両性具有の完全無欠な真の自己へと到達する」。20世紀の発明とされることの多い「愚者の旅」というコンセプトが、既にここにあるように思える。

それでは、両者の間に立つ第1番「奇術師」の役割とは何であろう。端的にいうと上記のような奇跡をもたらす触媒、「賢者の石」ではないか。彼の姿は、特にマドニエ版において顕著だが、巨匠ルーベンス晩年の作《パリスの審判》（1639年頃、プラド美術館蔵）中のヘルメス神そのもののように見える。ヘルメスは嘘や欺きを司る点でまことに「奇術師」的だが、ほかならぬ「錬金術の神」でもある。「奇術師」が手にした小さな赤い玉（古いマルセイユ版ではこの彩色が多い）が、この札のデザインのほぼ中心点

に位置していることに注目されたい。
賢者の石は赤く、また豆粒大との伝
承もあるのだ。

　最後に「奇術師」の股下に見られ
る、地面上の意味ありげな意匠につ
いて。かのアレハンドロ・ホドロフ
スキーはこれと「世界」札の楕円形（マンドルラ）
に、共通して「女陰」という解釈を
与えた。その解釈の是非はさておき、

要は両者に相似性を見たわけである。
してみれば、最下位札の「奇術師」
に、実は最上位の「世界」が内包さ
れている、ともいえる。「下にあるもの
は、上にあるものの如し」。よく知ら
れた、錬金術の金言が思い出される。

（むぜんとう　古典タロット愛好家）

ピエール・マドニエ版
〈愚者〉〈奇術師〉〈世界〉
（1709年 フランス／ディジョン）

Courtesy of TAROT DE MARSEILLE HERITAGE
http://tarot-de-marseille-heritage.com/index.html

切札一覧（大アルカナ）

* 図版はすべて、ウェイト=スミス版（1910、イギリス／ロンドン、夢然堂蔵）。
* 掲載順は伝統的なマルセイユ版に基づき、第8番を「正義」（第5巻）、第11番を「力」（第6巻）とした。
* 数札・人物札（小アルカナ）は第12巻に掲載。

0 愚者
The Fool〔第1巻〕

1 奇術師
The Magician〔第1巻〕

6 恋人
The Lovers〔第4巻〕

7 戦車
The Chariot〔第4巻〕

8 正義
Justice〔第5巻〕

9 隠者
The Hermit〔第5巻〕

14 節制
Temperance〔第8巻〕

15 悪魔
The Devil〔第8巻〕

16 塔
The Tower〔第9巻〕

17 星
The Star〔第9巻〕

2 女教皇
The High Priestess〔第2巻〕

3 女帝
The Empress〔第2巻〕

4 皇帝
The Emperor〔第3巻〕

5 教皇
The Hierophant〔第3巻〕

10 運命の輪
Wheel of Fortune〔第6巻〕

11 力
Strength〔第6巻〕

12 吊られた男
The Hanged Man〔第7巻〕

13 死神
Death〔第7巻〕

18 月
The Moon〔第10巻〕

19 太陽
The Sun〔第10巻〕

20 審判
Judgement〔第11巻〕

21 世界
The World〔第11巻〕

鏡 リュウジ（かがみ・りゅうじ）

占星術研究家、翻訳家。1968年、京都府生まれ。国際基督教大学卒業、同大学院修士課程修了（比較文化）。英国占星術協会会員、日本トランスパーソナル学会理事、東京アストロロジー・スクール主幹。平安女学院大学客員教授、京都文教大学客員教授。著書に『鏡リュウジの実践タロット・リーディング』『タロットバイブル 78枚の真の意味』（以上、朝日新聞出版）、『タロットの秘密』（講談社）、『はじめてのタロット』（ホーム社）、訳書に『ユングと占星術』（青土社）、『神託のタロット ギリシアの神々が深層心理を映し出す』『ミンキアーテ・タロット』（以上、原書房）など多数。『ユリイカ タロットの世界』（青土社）責任編集も務める。

夢然堂（むぜんどう）

古典タロット愛好家。『ユリイカ タロットの世界』（青土社）では、「『マルセイユのタロット』史 概説」と「日本におけるタロットの受容史」を担当。その他、国内外の協力作品や企画多々。第4回国際タロット賞選考委員。福岡県在住。

千田歌秋（せんだ・かあき）

東京麻布十番の占いカフェ&バー燦伍（さんご）のオーナー占い師およびバーテンダー。著書に『はじめてでも、いちばん深く占えるタロット READING BOOK』（学研プラス）、『ビブリオマンシー 読むタロット占い』（日本文芸社）がある。

写真協力：夢然堂／鏡リュウジ／アフロ（akg-images, Bridgeman Images, New Picture Library）／© 2023 Niki Charitable Art Foundation / ADAGP, Paris & JASPAR, Tokyo G3385〔55頁〕

アルケミスト双書 タロットの美術史〈2〉

女教皇・女帝

2024年1月20日　第1版第1刷発行

著者	鏡リュウジ
発行者	矢部敬一
発行所	株式会社 創元社　https://www.sogensha.co.jp/
本社	〒541-0047 大阪市中央区淡路町4-3-6 Tel.06-6231-9010　Fax.06-6233-3111
東京支店	〒101-0051 東京都千代田区神田神保町1-2 田辺ビル Tel.03-6811-0662（代）
印刷所	図書印刷 株式会社
装幀・組版	米倉英弘・鈴木沙季（細山田デザイン事務所）
編集協力	関弥生